Lib 41/2317

# DISCOURS

## PRONONCÉ

Par ROBINAUX, *Substitut du Procureur de la Commune d'Avignon, à l'installation du Tribunal du District de Vaucluse, le 7 Octobre 1792, l'an premier de la République Française.*

### CITOYENS!

APRÈS avoir luté, pendant trois ans, contre le despotisme ultramontain, & l'avoir terrassé ; après avoir relégué, au-delà des monts, les suppôts d'un gouvernement destructeur, & les vampires qui s'engraissoient du sang du peuple; après avoir anéanti les vers rongeurs dont nos tribunaux se trouvoient infectés ; après avoir adopté les lois bienfaisantes que la liberté, dans son aurore, donnoit à la République Française ; après avoir été réintégrés à cette République, malgré les complots & les crimes d'une cour perverse ; après avoir résisté aux tempêtes & aux orages, nous venons enfin vous montrer le gage de votre victoire : nous venons vous annoncer, avec le retour de la justice, la cessation de l'anarchie, le retour de l'ordre & le regne de la tranquillité. Voilà les citoyens que vous avez choisis pour être vos arbitres: voilà ceux qui, sans cesse attachés à la roue révolutionnaire, n'ont jamais un seul instant trahi la cause du peuple. C'est d'eux que vous avez droit d'attendre les plus grandes consolations & la plus grande équité. O vous ! que le peuple a investis de son pouvoir & de sa confiance, pensez que ceux qui vous ont nommés, attendent tout de vous, *juſtice*, *tranquillité*, *concorde* : voilà les objets les plus chers à nos cœurs. Vous imprimerez, à vos jugemens, les caracteres ineffaçables de la liberté & de l'égalité. Tout citoyen ſera égal devant vous, & vos yeux ne verront que la loi ; vous réprimerez les perturbateurs audacieux ; vous punirez le coupable, & vengerez l'innocent opprimé ; vous réparerez le tort du deſpotiſme, vis-à-vis de la veuve & de l'orphelin. Vous ferez connoître à vos concitoyens, à ce peuple qui eſt tout, & par qui tout eſt, ces lois admirables, dictées par la raiſon & la philoſophie. Vous ferez même chérir à leurs plus vils détracteurs, les Miniſtres chargés de les faire exécuter, & vous verrez, un jour, ces êtres perfides, proſternés devant ce tribunal, rendre un témoignage éclatant aux magiſtrats qui auront bien mérité de la patrie, & ils béniront la main qui leur aura distribué une justice impartiale. Le moment de votre installation sera l'époque du bonheur dans notre cité ; ce sera la fin des troubles & le commencement de la paix. C'est enfin une fonction bien douce, que celle de vous demander & de recevoir votre serment. Jurez donc, en présence de ce peuple, d'être *fideles à la République, de maintenir de tout votre pouvoir la liberté, l'égalité, de mourir en les défendant, & de remplir avec exactitude & impartialité, les fonctions qui vous sont confiées.*

Après la prestation du serment de chaque juge, l'orateur s'adressa au peuple :

CITOYENS DE TOUS LES AGES!

Soldats de la République, citoyens soldats, & vous mes collegues, voilà vos juges, ils ont satisfait à leur devoir; c'eſt à vous à couronner & à ſanctionner votre ouvrage; c'eſt à vous à prendre, vis-à-vis d'eux, le même engagement ſolemnel qu'ils ont contracté vis-à-vis de vous. Vos magiſtrats vont prononcer, pour vous, le ſerment de porter au tribunal & à ſes jugemens, le reſpect & l'obeiſſance qu'on doit à la loi.

# DISCOURS

Du Citoyen RAPHEL, le jeune, premier juge du tribunal.

CITOYENS!

Nous commençons la nouvelle carriere à laquelle vos suffrages nous ont appellés, dans une circonstance qui fera une des époques mémorables de notre révolution. Quatre siecles d'esclavage, passés sous le plus vil des tyrans, le despote à triple couronne, dont la puissance ne devoit son origine qu'à l'ignorance & à l'imbecillité de nos peres, des véxations de tous les genres que nous avions eprouvées pendant cette longue série d'années, que nous avions été avilis par la superstition & le fanatisme, nous avoient enfin ouvert les yeux, & nous avions dit avec fierté : nous ne voulons plus de ce prétendu maître du monde, & nous avions chassé tous ses perfides agens.

Redevenus libres & souverains, nous nous étions jettés dans les bras de la nation Française, dont le crime seul nous avoit séparés ; nous avions revendiqué des droits imprescriptibles, & cette nation généreuse, par l'organe de ses représentans, venoit de nous reconnoître pour ses enfans.

L'aurore du bonheur avoit commencé de briller pour nous, lorsque tout-à-coup notre horison obscurci de nuages, nous annonça une violente tempête. Le pouvoir exécutif, ce chef héréditaire de la nation, avoit cru ne devoir pas nous pardonner, l'énergie que nous avions montrée pour conquérir le nom de Français, briser les chaînes qui avoient flétri nos ames, encore moins le courage, avec lequel nous avions déjoué les projets de contre-révolution, tentés dans le midi, & dont notre ville devoit être le foyer. Des cachots affreux, des supplices horribles, une mort cruelle étoient la récompense qu'il avoit destinée à nos efforts, pour secouer le joug du despote que nous detestions, & nous réunir à des freres que nous idolâtrions.

Mais bientôt l'arbitre des destinées, a détourné le glaive suspendu sur nos têtes, & a appellé sur nos tyrans, le fer qui étoit prêt à nous immoler.

Cet individu que nous appellions nagueres, Roi des Français, qui avoit conjuré la perte de ce peuple, dont il avoit été l'idole, vient enfin de combler la mesure de ses crimes.

Traître à la nation, parjure à ses sermens, & ennemi d'une constitution qui lui étoit trop favorable, il appelloit au milieu de nous, nos ennemis qu'il feignoit de combattre; il semoit la division parmi les citoyens, & esperoit, à tout moment, de voir éclore la guerre civile, dans l'inftant où les ennemis du dehors auroient pénétré sur nos frontieres.

Il employoit l'or de la lifte civile, ce pactole intariffable que vos premiers repréfentans, dans un moment d'enthoufiafme, lui avoient accordé pour foutenir l'éclat & la dignité du trône, à corrompre ceux de leurs fucceffeurs, qui oublioient qu'ils avoient une patrie.

La nation a vu le danger, elle s'eft levée avec majefté, & fon vœu n'a pas été équivoque, la déchéance de Louis Capet & de toute fa famille, l'abolition de la royauté, une république, dans laquelle le peuple ne ceffe, en aucun tems, l'exercice de fa souveraineté, tel a été le vœu qu'elle a émis presque à la fois dans les quatre coins de l'Empire.

Ceux de vos repréfentans, qui avoient confervé une ame pure au milieu de la corruption générale de l'affemblée, n'ont pas été fourds à la demande du peuple Français ; & ne pouvant eux-mêmes fauver l'Empire, à caufe des nombreux ennemis qu'ils avoient dans leur fein, ils ont appellé la nation elle-même, & l'ont invitée à fe fauver.

Une convention nationale s'eft formée, des patriotes reconnus ont feuls l'avantage de la compofer. Inacceffibles à la corruption, fourds à toutes les follicitations, intrépides dans les plus grands dangers, ils fauveront la chofe publique, & feront fubir au traître, la peine due à fes forfaits.

Plus coupable mille fois que Charles premier, Roi d'Angleterre, il apprendra à fes pareils, par fa chûte tragique, combien ils doivent craindre d'aliéner l'esprit des peuples qui se sont confiés à leurs soins, & qu'il n'est ni rang, ni condition, qui assurent aujourd'hui l'impunité à ceux qui se sont souillés de grands crimes.

Il conspiroit contre cette liberté que nous avions conquise ; & à l'aide de quelques traîtres, en sous ordre qu'il soudoyoit, il espéroit nous faire rentrer dans notre antique esclavage : mais il a été trompé dans son attente perfide ; ses complots liberticides ont été déjoués, la royauté a été abolie ; & nous la conserverons, cette liberté, qui nous a coûté tant de peine à conquérir, cette précieuse égalité, qui doit faire la base de tout gouvernement politique. Périsse à jamais le nom de Roi! Qu'il soit effacé du livre des nations, avant que nous courbions la tête sous le joug d'un nouveau despote.

Organes de la justice, dépositaires

du pouvoir judiciaire, nous en faison ici le ferment, & nous ne le violerons jamais ; & fi quelqu'un d'entre nous, étoit capable de regretter les chaînes qu'il vient de fecouer, nous le livrons d'avance à l'infamie & à l'exécration de la poftérité, & voici ma profeffion de foi civique, dont je vous rends dépofitaire.

Point de Rois, ils furent toujours les tyrans des peuples ; point de dictateur, cette dignité a pris naiflance dans Rome que je detefte, & que tout bon citoyen abhore avec moi ; point de triumvirs, c'eft fous eux que cette république, jadis fi célèbre, perdit fa liberté ; point des tribuns, leur regne fut un tems de fédition & de maffacre ; mais une république unique, univerfelle & indivifible, dans laquelle le peuple exerce en tout tems fa fouveraineté, voilà ma religion, voilà mes dieux, voilà mes ferments, périsse à jamais ma mémoire si, j'y suis parjure.

Et vous, nos chers concitoyens, vous qui avez été nos coopérateurs dans la conquête de notre liberté, aidez nous à supporter le pesant fardeau que vous nous avez imposé ; souvenez-vous que la liberté dans les républiques, ne peut se soutenir sans l'obéissance aux lois, & que vous retomberiez bientôt dans votre ancien esclavage, si elles cessoient d'être écoutées, ou si elles étoient réduites à une impuissante inaction ; pénetrez-vous de cette grande vérité ; & aujourd'hui que vous voyez disparoître totalement l'anarchie par l'organisation de tous les pouvoirs, montrez que vous étiez dignes de la liberté, par votre déférence & votre soumission aux jugemens de ceux que vous avez choisis pour être les organes de la loi.

# DISCOURS

## PRONONCÉ

Par ROBINAUX, Substitut du Procureur de la Commune, à l'inauguration d'un arbre de la liberté, faite au quartier de la Pyramide, le 7 Octobre 1792, l'an premier de la République Française; immediatement après l'installation du tribunal.

## CITOYENS!

Autrefois des voix esclaves chantoient, & ce quartier retentissoit des louanges d'un despote. Les habitans de ce lieu consacroient souvent un tems utile à leur fortune, à perpétuer parmi ses concitoyens, les moins éclairés, l'avilissement, le fanatisme, par des cérémonies superstitieufes, que la raison a rendues ridicules aux yeux des philosophes ; les préjugés, les coutumes ultramontaines, présentoient les ténébres les plus épaisses au flambeau de la raison, & l'homme de bien, l'homme éclairé, désesperoit de sa conquête & de celle de la liberté. Ces jours de sotises ont passés ; les jours de la liberté sont enfin arrivés ; la superstition a disparu avec toutes ses illusions, ainsi que les rois, & les prestiges enchanteurs de leur cours & de leur puissances. La sotise, l'esclavage, le despotisme ont passés comme une ombre légére, tout a croulé à la voie puissante de la liberté.

Ce bonnet chéri, le signe de notre rédemption politique, flotte de toute part dans l'étendue de la République; & dans cette cité, on ne sauroit trop les multiplier, pour qu'à chaque pas, les satellites du tyran de Rome, trouvent un monument de leur crime, de leur défaite & de leur honte. Puiſſe-t-il, cet arbre ſacré, vous rappeller ſans ceſſe la haine que vous avez jurée aux rois & aux tyrans, le ſerment que vous avez tous fait de les exterminer, ainſi que ceux qui ſeroient aſſez téméraires pour porter une hache impie ſur le tronc ſacré de l'arbre que vous venez de planter; & s'il étoit quelque jaloux de votre félicité, ſi quelque ennemi de votre bonheur, ſemoit parmi vous le trouble & la diviſion, venez au pied de cet arbre, & vous y trouverez la paix & l'union dont des méchans auroient voulu vous priver.

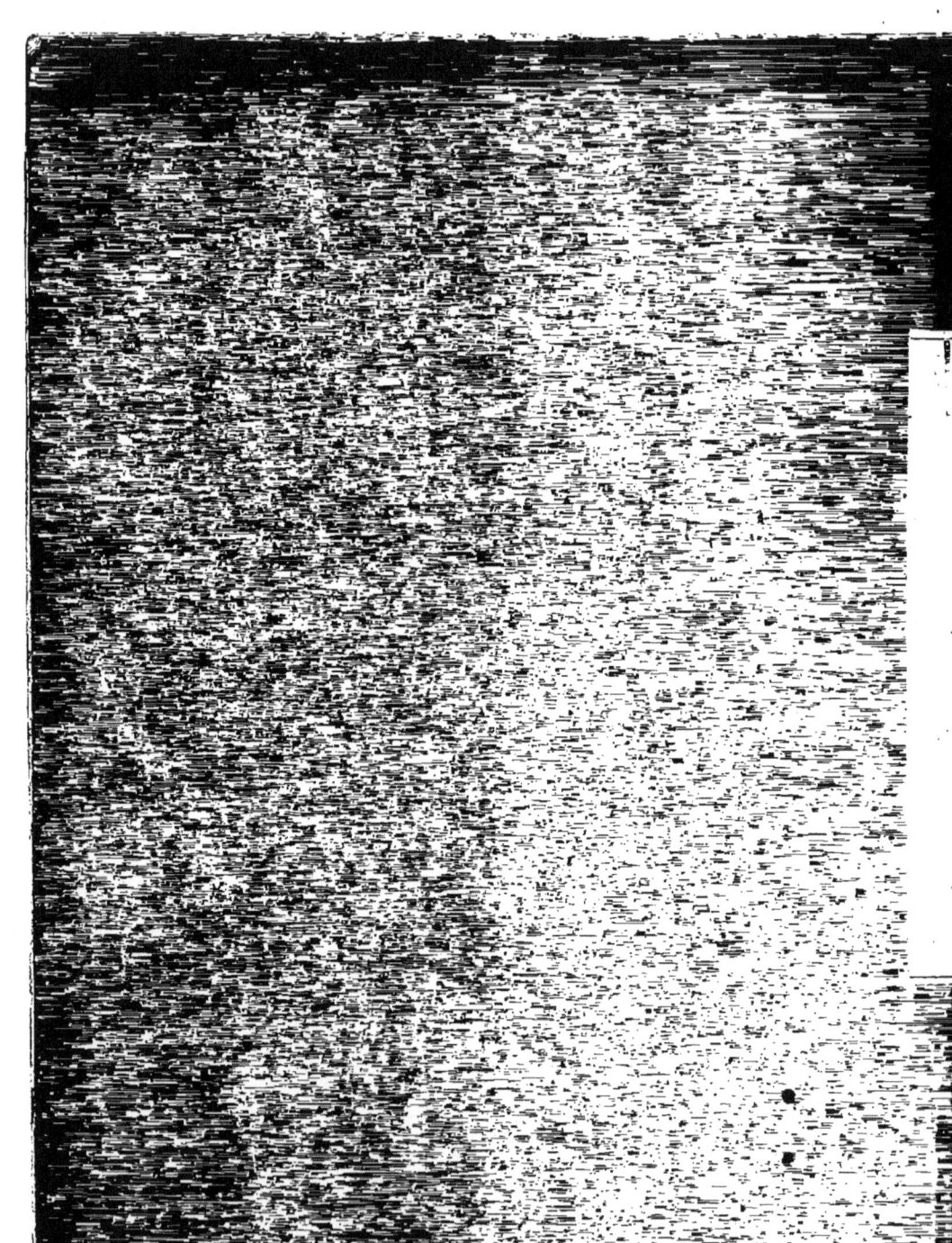

www.ingramcontent.com/pod-product-compliance
Lightning Source LLC
Chambersburg PA
CBHW070535050426
42451CB00013B/3015